AF259927

LETTRES

DE

MON VILLAGE

recueillies et mises en ordre

PAR

ANDRÉ ROUSSELLE

PROPRIÉTAIRE A BLICOURT (OISE)

COMPIÈGNE

BUREAUX DE LA *GAZETTE DES PAYSANS*

RUE DE LA CORNE-DE-CERF.

1872

L 57 b
3767

DÉPÔT LÉGAL
OISE
N°. /
1872

LETTRES

DE

MON VILLAGE

Lib 57
3767

COMPIÈGNE. — IMP. ET LITH. DE V EDLER.

LIBERTÉ — ÉGALITÉ — FRATERNITÉ

LETTRES

DE

MON VILLAGE

recueillies et mises en ordre

PAR

ANDRÉ ROUSSELLE

PROPRIÉTAIRE A BLICOURT (OISE)

COMPIÈGNE

BUREAUX DE LA *GAZETTE DES PAYSANS*

RUE DE LA CORNE-DE-CERF

1872

A MES COMPATRIOTES

CHERS CONCITOYENS,

Plusieurs d'entre vous ont bien voulu me demander la publication en brochure des *Lettres de mon Village,* précédemment insérées dans la *Gazette des Paysans.*

Ces *Lettres* n'ayant rien perdu de leur actualité, je ne crois pas devoir me refuser à l'accomplissement des désirs qui m'ont été transmis.

Je ne croirai avoir perdu ni mon temps ni ma peine si je réussis à rallier quelques-uns de nos compatriotes « *à la* « *forme républicaine, la seule qui me* « *paraisse aujourd'hui destinée à pré-*

« *server la France d'une crise anar-*
« *chique, prélude certain d'un despo-*
« *tisme quelconque, sans parler des*
« *dangers extérieurs.* »

De plus les esprits éclairés et impartiaux pourront voir par la lecture des pages qui suivent, si c'est avec raison que M. le Préfet Choppin a interdit la vente sur la voie publique de la *Gazette des Paysans*.

Ils jugeront quel est le plus dévoué à la politique de M. le Président de la République, du fonctionnaire orléaniste ou du journaliste républicain.

Salut fraternel,

ANDRÉ ROUSSELLE,

AVOCAT A LA COUR D'APPEL DE PARIS.

Blicourt (Oise), le 21 septembre 1872.

LETTRES

DE

MON VILLAGE

Ire LETTRE

DE LOUIS A JACQUES

Blicourt, le 22 avril 1872.

Mon cher Jacques,

Puisque vos affaires vous ont obligé de
quitter Blicourt pour vous rendre à Paris,
nous ne pourrons plus continuer jusqu'à
nouvel ordre nos conversations hebdoma-
daires. Je le regrette vivement. Vous aviez
commencé à faire mon éducation politique,.
et déjà comme le jeune Tobie je sentais la
vue me revenir.

Vous ne vousdouterez jamais de l'importance du service que vous m'avez rendu. Jusqu'au moment où j'ai fait votre connaissance je
n'avais. pas plus d'idée sur les problèmes de

la politique que sur les choses de l'autre monde. Je croyais tout ce qu'on me disait. Voilà pourquoi, lors du plébiscite, j'ai voté contre mes intérêts les plus chers, et pourquoi, aux élections du 8 février 1871, j'ai choisi pour me représenter des ducs, des marquis, des comtes, etc..., en un mot, des personnages que je ne connaissais pas et qui ne me connaissaient pas davantage. Je ne dois donc pas être surpris que mes représentants s'occupent plus de leurs intérêts que des miens.

Mais à quoi bon se plaindre sans cesse du passé? Ce qui est fait est fait. Puisque je ne puis réparer les fautes commises je vais m'efforcer de n'en pas commettre de nouvelles. Je vais me préparer dès maintenant, afin d'éviter toute surprise, en vue des éventualités de l'avenir. Le département de l'Oise, grâce au patriotisme de M. Thiers, est débarrassé de la présence de l'ennemi. Je pourrai donc accomplir mes devoirs de citoyen sans subir, comme en février 1871, la pression des bayonnettes prussiennes. J'aurai le temps et la liberté d'examiner, de comparer et de juger la valeur des candidats possibles.

J'éprouve néanmoins un grand embarras. Je n'ai ni les loisirs, ni les ressources nécessaires pour assister aux séances de l'Assemblée de Versailles. Je vais bien quelquefois à Paris pour mes affaires, mais je ne puis sacrifier une journée pour courir après le nouveau siége de la Chambre. J'attendrai pour satisfaire ma légitime curiosité que l'Assemblée de Versailles veuille bien revenir dans la capitale de la France. Sans doute, je puis m'adresser aux journaux pour apprendre ce que nos représentants font là bas. Malheureusement, les journaux de Paris coûtent trop cher, et ceux de l'Oise sont trop amis de nos députés pour que j'aie une grande confiance en eux.

Je m'adresse donc à vous pour obtenir les renseignements qui me sont nécessaires. Je me rappelle parfaitement bien que vous avez prévu et prédit dès le lendemain du 2 décembre 1851, tous les malheureux évènements qui se sont passés depuis. Vous étiez tellement convaincu que Napoléon III précipiterait la France dans l'abîme, que vous n'avez cessé de lui faire une opposition aussi vive que constante. Vous avez combattu avec la dernière vigueur les candidatures officielles, les expéditions lointaines et surtout le plébiscite, qui demeurera une des hontes du gouvernement impérial. Votre fière attitude à un moment où la plupart des fonctionnaires se courbaient docilement et servilement sur un signe du maître, vous a même exposé aux calomnies des complices et des dupes de l'homme de décembre. On nous persuadait que vous étiez un homme de désordre et un révolutionnaire parce que vous protestiez au nom de l'honneur, de la prospérité et de la sécurité de la France. Votre prévoyance était qualifiée de malveillance et votre conviction taxée d'ambition. Sedan a justifié vos craintes, et votre conduite désintéressée pendant le gouvernement de la défense nationale, composé entièrement de vos amis, m'a prouvé que vous êtes avant tout un homme de principes. Je sais maintenant que vous détestiez l'empire de tout l'amour que vous aviez pour l'ordre, la liberté et la justice. S'il y a encore des hommes qui osent dire le contraire, malgré l'évidence qui éclate à tous les yeux, c'est qu'ils ne peuvent vous pardonner d'être demeuré debout alors qu'ils étaient courbés, et de leur avoir donné des conseils dont leur aveuglement les a empêchés de profiter.

C'est parce que je vois tout cela que j'ai confiance en vous, et voilà pourquoi j'ai recours à votre obligeance bien connue pour me tenir au courant de la situation politique du pays.

Veuillez agréer, mon cher Jacques, l'assurance de mes meilleurs sentiments.

Louis.

RÉPONSE

DE JACQUES A LOUIS

Paris, le 29 avril 1872.

Mon cher Monsieur Louis,

Je vous remercie beaucoup de la confiance que vous voulez bien me témoigner et dont je tâcherai de me rendre toujours digne. Je n'ignore pas les bruits malveillants que les amis de l'empire ont fait courir sur mon compte, et dont les partisans de la réaction cléricale et monarchique se font aujourd'hui les échos complaisants. Je m'attends à être ainsi calomnié, tant que je n'aurai pas perdu l'habitude de dire la vérité envers et contre tous, c'est-à-dire, tant qu'il me restera un souffle de vie. Je sais bien qu'aux yeux des consciences faciles, de celles qui n'ont d'autre régle de conduite que leur intérêt, je passerai pour un maladroit et pour un esprit mal fait. Il ne m'importe ! Je suis ainsi fait qu'un acte de défaillance me coûterait plus de regrets, de remords et de douleurs morales qu'il ne me rapporterait de satisfactions matérielles.

Il ne faut donc pas me féliciter d'être resté ferme dans la ligne que, depuis que j'ai l'âge d'homme, je me suis tracée. Je n'ai aucun mérite à cela. Je n'ai fait que suivre la pente de ma nature. Mon goût et mon plaisir se sont trouvés d'accord avec ce que je considère comme mon devoir. J'ai toujours eu pour devise : *Fais ce que dois, advienne que pourra.*

Puisque vous voulez bien me consulter sur les choses de la politique, dont je me suis toujours préoccupé, non par intérêt ni ambition, mais par goût et par devoir, je n'hésiterai jamais à vous dire ce que je croirai bon ou mauvais, utile ou nuisible. Je me heurterai souvent dans mes appréciations aux préjugés, aux intérêts et aux passions de votre entourage ; je le regretterai à coup sûr ; mais ni ma plume dans mes lettres, ni ma langue dans nos conversations ne seront

enchaînées par des préoccupations person-
nelles. Vous voilà donc, mon cher Louis,
prévenu une fois pour toutes.

Je regrette comme vous que l'Assemblée
de Versailles ne veuille pas venir s'établir à
Paris, ainsi que le lui conseillent la tradition,
la logique et les intérêts du commerce français. En agissant ainsi, cette Assemblée, tra-
hissait les mauvais desseins qu'elle nourris-
sait contre la République. Elle sentait que
Paris, dont elle nie et calomnie le patriotisme
éclairé, serait un mauvais théâtre pour l'accomplissement de son œuvre de réaction.
Voilà pourquoi, après avoir, au grand scandale des Bordelais, insulté Garibaldi et ou-
tragé une de nos gloires nationales, Victor
Hugo, elle s'est réfugiée à Versailles, siége
de la monarchie de l'ancien régime, dont elle
rêvait le rétablissement. Heureusement que
la vigilance et la fermeté de M. Thiers ont
mis un frein à une fureur de réaction qui
après avoir provoqué la Commune eût ré-
veillé la Jacquerie.

Malgré la haine des légitimistes et autres
royalistes de l'Assemblée contre Paris, soyez
convaincu que bientôt la France toujours
fière de contempler sur son sol la première
ville du monde, voudra que la capitale des
lettres, des sciences, des arts et de la civili-
sation, vers laquelle tous les peuples de l'u-
nivers ont les yeux fixés, redevienne sa capitale politique, sans plus se soucier de l'excom-
munication dont elle a été momentanément
frappée par les revenants du moyen-âge, que
du retour des droits féodaux et du rétablissement du servage !

L'Assemblée vient de reprendre ses séances. On espérait que les membres de la droite, après s'être mis en relation avec leurs électeurs, seraient revenus de congé avec l'intention bien arrêtée de sacrifier leurs préjugés, leurs rancunes et leurs mesquines passions au bien du pays. Il n'en a rien été. Leur première préoccupation, avant de s'occuper de la libération du territoire a été de reprocher à M. Gambetta de s'être mis en rapport avec les électeurs. Au lieu de jeter la pierre à M. Gambetta ils auraient mieux fait de suivre son exemple. Est-ce que nos députés de l'Oise n'auraient pas mieux agi en se mettant en rapport avec leurs mandants et en s'inspirant de leurs vœux et de leurs désirs, qu'en allant conspirer à Chantilly contre le Gouvernement ? Ce n'est pas ainsi qu'ils feront renaître les affaires et rétabliront la confiance. Ils se défient tellement de leurs électeurs que non seulement ils n'osent comparaître devant eux, mais encore ils ne veulent pas que d'autres puissent leur parler, c'est-à-dire, les éclairer. Voilà pourquoi nos Mérovingiens se sont opposés par leurs votes à ce que les élections au conseil général soient précédées de réunions publiques.

Ces oiseaux de nuit désirent toujours et partout la lumière sous le boisseau.

Agréez, mon cher Louis, l'assurance de mes sentiments fraternels.

JACQUES.

IIe LETTRE

DE LOUIS A JACQUES

Blicourt (Oise), le 6 mai 1872.

Mon cher Jacques,

Je regrette que vous soyez retenu à Paris et que vos affaires ne vous permettent pas encore de revenir à Blicourt. Je le regrette d'autant plus que mai est revenu avec son panache de verdure et de fleurs, et qu'il est plus agréable de se promener sur les bords paisibles de l'Herperie que de se mettre devant un bureau pour griffonner une correspondance décolorée. J'aurais bien des réflexions à vous soumettre et bien des explications à vous demander. Malheureusement, j'ai si peu suivi l'école dans ma jeunesse, que je ne suis pas devenu un écrivain assez habile pour mettre sur le papier tout ce que je sens, tout ce que je pense, tout ce que je désire.

Néanmoins, je vais essayer encore une fois. Ce qui m'encourage, c'est que vous n'avez pas dédaigné de répondre à ma dernière lettre, malgré mes fautes de français et d'orthographe. Mais que voulez-vous, mon cher Jacques, quand on fait ce qu'on peut, on fait ce qu'on doit. Je compte donc toujours sur votre indulgence. L'embarras où je me trouve me servira de leçon. J'ai un fils qui sera bientôt en âge d'aller à l'école. Soyez convaincu, quoique je ne sois pas riche, qu'il recevra assez d'instruction pour contracter le goût de la lecture et pour être en état d'écrire de longues lettres à ses amis. Si j'avais été plus instruit au moment de ce maudit plébiscite, qui nous vaut la perte de cinq milliards et de deux de nos plus belles et plus riches provinces, je vous aurais consulté avant de participer à un acte aussi grave. Mais, ce qui est fait est fait ; n'en parlons plus.

Depuis votre départ on fait courir toutes sortes de mauvais bruits dans nos campagnes. Il ne se passe presque pas de jour où on ne dise qu'on se bat à Paris, que Napoléon III est en France, qu'il remontera bientôt sur le trône, que les Prussiens réoccuperont les départements précédemment occupés si la République continue, que M. Thiers est gravement malade, etc, etc. Tous ces bruits, répandus par des gens étrangers à nos pays, qui ne font que passer, et dont on ne connait pas les professions, paralysent les affaires qui avaient repris avec vigueur, et chassent la confiance qui était revenue. Vous, mon cher Jacques, qui êtes à la source de toutes les nouvelles et de tous les renseignements ne pourriez-vous pas m'expliquer les causes de cet étrange phénomène ? Je sais bien que tous ces bruits sont faux, et que toutes ces prétendues nouvelles ne sont que des inventions. J'ai vu, samedi dernier, au franc-marché de Beauvais, des personnes

qui arrivaient de Paris. Toutes s'accordaient
à dire que jamais la grande ville n'a été plus
calme, que tout le monde y a confiance dans
M. Thiers, que le commerce y reprend bien,
que les commandes y abondent et que les
étrangers y arrivent en foule. On ne s'y oc-
cupe pas plus du capitulard de Sedan que
s'il n'avait jamais existé. Quant aux Prussiens, ils songent si peu à rentrer dans les
départements précédemment occupés, qu'ils
ont chargé M. d'Arnim de s'entendre avec le
Président de la République pour la libération anticipée de notre territoire. Voilà ce
que disent des personnes que je connais et
en qui j'ai confiance : agriculteurs, commerçants et industriels. Comment se fait-il dès
lors que des inconnus traversent de temps à
autre nos campagnes colportant des bruits
contraires et qui ne peuvent que nuire ? Qui
envoie ces gens ? Dans quel but les paie-t-on
pour accomplir une besogne aussi anti-patriotique ? Pourquoi ne les arrête-t-on pas
comme des malfaiteurs ? J'avoue que mon
esprit se perd en suppositions, sans que je
puisse rien rencontrer qui le satisfasse. J'espère que vous avez été plus heureux que moi.

M. le docteur Noel, qui lit le *Siècle*, et que
j'ai rencontré pendant qu'il visitait ses malades, m'a dit que l'Assemblée de Versailles,
venait de jouer un vilain tour au gouvernement, à propos d'une loi sur le conseil
d'Etat. Comme il n'avait pas le temps d'en
dire plus, je compte sur vous pour m'expliquer les causes et les conséquences du mauvais vouloir de cette Assemblée vis-à-vis du
Président de la République.

Je vous demande pardon, mon cher Jacques de mon long bavardage et vous prie d'agréer avec mes remerciements l'assurance de ma vive et profonde reconnaissance.

LOUIS.

RÉPONSE

DE JACQUES A LOUIS

Paris, le 7 mai 1872.

Mon cher Louis,

Je ne puis encore vous fixer l'époque de mon retour à Blicourt. Quelque tentantes que soient les grâces printanières, quelque soit mon goût pour la campagne, je dois sacrifier à mon devoir tous les plaisirs du monde. Je réussis à me consoler de mon exil en le voyant adouci par votre amicale correspondance. Que me parlez-vous des imperfections de votre style et de votre écriture ? On écrit toujours assez bien quand on a comme vous des sentiments généreux et des idées élevées. Ceux-là seuls ne savent rien dire qui n'ont rien ni dans le cœur, ni dans la tête. Votre instruction a été négligée, il est vrai, parce que vous étiez plus souvent dans les champs qu'à l'école ; mais votre intelligence, pour n'avoir pas été cultivée, n'en existe pas moins. Vos préoccupations me prouvent que vous n'êtes pas un esprit vulgaire, et je préfère cent fois les réflexions que vous inspire le spectacle de ce qui se passe, aux phrases apprises de mémoire et que récite comme un perroquet tel baron que vous connaissez bien. Laissez donc de côté, je vous prie, votre style et votre ortho-graphe. Vous avez cent fois plus de logique et de bon sens que ceux qui se disent et que les naïfs croient les malins du village.

Vous avez raison de vouloir soigner l'éducation de votre fils. C'est votre capital le plus précieux et celui qui vous rapportera le plus de véritables satisfactions. Mais gardez-vous bien de vouloir en faire un savant. Cela pourrait flatter votre amour-propre, sans assurer votre bonheur ni celui de votre fils. Qu'il étudie ce qui concerne son état et qu'il sache ce que tout citoyen doit connaître, et le reste viendra par surcroît. Qu'il apprenne surtout à accomplir ses devoirs d'homme et à exercer ses droits de citoyen. Si tout le monde agissait ainsi, il y aurait moins d'intrigants et d'exploités. Qu'il devienne majeur par l'intelligence, sachant penser et agir par lui même.

Les bruits dont vous me parlez ont principalement cours dans les centres les moins éclairés, dans ceux où le plébiscite a obtenu le plus de *oui*. Ils sont le fruit de manœuvres royalistes signalées déjà depuis quelque temps. Ils sont accompagnés en général de la distribution de brochures où l'on dit, soit que Napoléon III est brave, soit que Henry V est libéral. Ce sont autant de tentatives pour affaiblir le gouvernement de M. Thiers et pour déconsidérer la République. Vous avez beau dire que dans la situation où nous a mis la monarchie ces intrigues sont séditieuses et anti-patriotiques, les royalistes, aveuglés par leurs préjugés et leurs rancunes ne veulent rien entendre. Semblables à la mauvaise mère dont parle la Bible, ils aimeraient mieux avoir la moitié de l'enfant qu'ils prétendent leur appartenir, que de le voir bien portant entre les bras de la vraie mère. Cette conduite ouvre les yeux aux Français qui réfléchissent. Malheureusement il y en a encore beaucoup qui croient à tout ce qu'on dit. C'est aux hommes de bonne foi et de bonne volonté comme vous, mon cher Louis, qu'il appartient d'éclairer les ignorants qui nous ont perdus par leurs votes.

Pendant qu'ils font ainsi colporter dans les campagnes des calomnies contre la République, les royalistes essaient de saper dans l'Assemblée de Versailles les pouvoirs de M. Thiers. Ils veulent enlever au Président de la République le droit de nommer les membres du conseil d'Etat, afin de se réserver ce droit pour eux-mêmes. Non-seulement ils veulent emplir le conseil d'Etat de leurs parents, de leurs amis, de leurs courtisans et de leurs créatures, afin d'en tirer avantage; mais ils se proposent de mettre un instrument hostile entre les mains du pouvoir exécutif afin d'entraver son action. C'est un nouveau bâton qu'ils mettent dans les roues du gouvernement de la République. Vous les entendrez crier ensuite qu'il n'y a

Telle est l'explication de leur dernier vote
dont, dans la joie du triomphe, ils ne dis-
simulent guère la portée et la signification.
Ce vote heureusement n'est pas définitif et
n'a été obtenu qu'à la faible majorité de quelques voix. L'odieuse tactique des
mérovingiens étant dès maintenant percée à
jour, il faut espérer qu'elle sera déjouée lors
de la dernière lecture du projet de loi.

En attendant, mon cher Louis, la République se consolide de jour en jour. C'est le
spectacle de sa force qui fait ainsi jeter les
hauts cris aux royalistes et leur fait mettre
toutes voiles dehors.

Courage et espérance !

JACQUES.

IIIᵉ LETTRE

DE LOUIS A JACQUES

Blicourt (Oise), le 12 mai 1872.

Les événements, mon cher Jacques, vous
donnent de plus en plus raison. Que de fois
dans nos promenades du dimanche, ne
m'avez-vous pas dit que le gouvernement de
Napoléon III était composé de gens sans
conscience, n'ayant d'autre souci, que de

faire la noce et de s'emplir les poches ! Un soir, notamment, nous nous promenions dans *la pâture* par le plus beau clair de lune du monde. Vous vous extasiiez sur la beauté du paysage et vous essayiez de me faire partager votre admiration. Comme je demeurais insensible à l'expression de vos élans poétiques vous ne manquâtes pas avec votre franchise habituelle de m'en témoigner votre étonnement. Je m'ouvris alors à vous et vous communiquai l'objet de mes préoccupations. Mon fils allait tirer au sort, et je craignais qu'il ne tombât sur un mauvais numéro. Je me demandais comment je pourrais me procurer la somme nécessaire pour le racheter.

Vous avez à ce sujet émis deux idées que je n'oublierai de ma vie. Nous étions à ce moment près du *Bâtardeau*. Après vous avoir écouté, je m'arrêtai brusquement pour vous regarder en face. Vous ne vous êtes sans doute pas expliqué la signification de mon attitude. Eh bien ! Je puis vous le dire maintenant : je me demandai très-sérieusement si vous n'étiez pas devenu fou, ou si vous ne vous moquiez pas de moi. Vous veniez de me dire que le service militaire devait être personnel et que le remplacement devait être aboli comme étant inique, immoral et anti-patriotique. Vous aviez ajouté que la caisse de la dotation de l'armée n'était que le vol organisé, et que le gouvernement impérial empochait les deux mille fr., taux de l'exonération, sans remplacer personne. Ces deux vérités que je reconnais maintenant étaient trop fortes pour mon intelligence politique d'alors. Je vous accusais mentalement d'être un rêveur et un calomniateur, alors que j'étais purement et simplement un sot et un ignorant. Je raisonnais comme ces imbéciles qui vous voyant revenir à Blicourt après le siège de Paris voulaient vous fusiller comme complice des Prussiens, parce qu'au moment du plébiscite, vous avez annoncé leur arrivée prochaine. Ces esprits bornés vous rendaient responsables des maux, qu'ils avaient causés et que vous aviez prévus sans pouvoir les empêcher !

Je vois aujourd'hui que vos accusations contre l'Empire étaient au-dessous de la vérité. Je n'aurais jamais cru que M. Schneider qui touchait par an 100,000 francs comme Président du Corps Législatif, aurait eu le cynisme de faire payer à l'Etat chaque année, 1,400 francs d'éponges ; 6,000 francs de vaisselle cassée, 5,000 francs de pose de rideaux etc. etc. indépendamment des 15,000 frâncs qu'il touchait comme député et des 30,000 francs qui lui étaient alloués pour ses frais de réception. Le Rapport de M. Noël Parfait à l'Assemblée nationale vient de prouver ces vols et bien d'autres encore encore, qui désormais sont authentiques et acquis à l'histoire.

Les révélations que vient de faire M. le duc d'Audiffret-Pasquier, Président de la commission des marchés de l'Assemblée de Versailles, sont bien plus terribles encore. Il ne s'agit pas seulement de vols, de dilapidations, de concussions ; il s'agit de trahisons et de crimes de lèse-patrie. L'Empire faisait payer 10,000 canons à la France, et l'on n'en trouvait que 2,000 dans les arsenaux. Sur trois millions de fusils dont on avait grevé le Budget, deux millions manquaient à l'appel. L'administration de la guerre sous Napoléon III, était une véritable forêt de Bondy. On faisait payer 180 francs à la France des cartouches qu'on achetait 90 francs. Il en était de même des fusils et de tout ce qui touchait aux subsistances et à l'habillement. C'était ainsi qu'on gaspillait les 400 millions du Budget de la guerre et les 450 millions pour la transformation de l'armement. Déjà la République a fait rendre gorge jusqu'à concurrence de onze millions. Elle seule pouvait nettoyer les écuries d'Augias. Nous en verrons sans doute bien d'autres si, comme il faut l'espérer, les conspirateurs royalistes échouent dans leurs menées séditieuses et dans leurs criminelles intrigues.

Que ne vous ai-je cru, mon cher Jacques, quand vous me revêliez toutes ces choses! Je n'éprouverais pas la honte et le regret d'avoir ratifié toutes ces infamies au moment du plébiscite. Aussi je ne pardonnerai jamais à ceux qui par une basse ambition et pour un vil intérêt ont endormi notre vigilance et trompé notre patriotisme.

Je laisserais tranquilles ces ennemis de la patrie s'ils avaient la pudeur du silence. Mais puisqu'ils osent encore lever la tête après tant de dilapidations, de trahisons et de lâchetés; puisqu'ils persécutent encore la presse républicaine qui n'a cessé de crier à la France aveuglée *gare!* et *casse-cou!* Je suis décidé à les clouer au pilori, en publiant partout leurs noms abhorrés.

Je vous demande mille pardons, mon cher Jacques, de ce moment d'emportement. Mais il m'est difficile de demeurer calme en présence d'une telle conduite. Je ne puis m'empêcher d'admirer votre sang-froid d'aujourd'hui quand je le compare à vos ardeurs d'autrefois. Nos rôles ont été véritablement intervertis. C'est vous maintenant qui me prêchez la prudence et la modération. Voilà ce que c'est que d'être un nouveau converti !

Je vais faire lire à tout le monde le remarquable rapport de M. d'Audiffred-Pasquier. Je suis sûr qu'aucun homme intelligent et de bonne foi ne sera plus imperialiste ni même royaliste après cette lecture.

A bientôt, mon cher Jacques, et croyez-moi toujours un de vos amis les dévoués.

LOUIS.

RÉPONSE

DE JACQUES À LOUIS

Paris, le 13 mai 1872.

Mon cher Louis,

Vous comprenez maintenant pourquoi j'étais ardent sous l'empire, mais vous ne paraissez pas vous rendre compte des raisons qui me rendent calme aujourd'hui. Je manquais de sang-froid sous le régime impérial parce que j'entrevoyais dans sa durée la corruption des âmes, le désordre des finances, l'éclipse de la gloire, la diminution de l'honneur et l'abaissement de la France. Rappelez-vous avec quelle énergie je déplorais l'aveuglement de nos compatriotes. « Mais, malheureux ! leur disais-je, ne « voyez-vous donc pas que vous conduisez « le pays à sa perte ! Votre indifférence est « coupable et votre abdication criminelle. « Vous vous endormez au bruit des paroles « d'un Billault et d'un Rouher ; prenez- « garde, de vous réveiller au fond d'un pré- « cipice ! » On me riait grossièrement au nez. Vous, qui êtes mieux élevé, vous vous borniez à me taxer d'exagération. Mon patriotisme s'exaltait à ce spectacle, car je ne doutais plus de la catastrophe finale et des désastres de notre bien-aimé pays. J'éprouvais ce que vous éprouvez aujourd'hui.

Mon irritation, parfaitement légitime alors, serait aujourd'hui à peu près stérile. Avant les événements je pouvais encore espérer les prévenir en faisant partager ma conviction. Depuis Queretaro, Sadowa, Sedan, mes ardeurs ne constitueraient plus que de vaines récriminations contre le passé. Tous ces désastres, nouveaux pour vous, sont pour moi, hélas ! de vieilles connaissances puisque j'ai vécu en esprit avec eux depuis une quinzaine d'années. Ne vaut-il pas mieux se recueillir, travailler sans emportement mais sans faiblesse à la consolidation de la République, et apporter, ainsi sa pierre à l'édifice de notre régénération. Il faut de l'énergie pour lutter contre le mal ; de la persévérance suffit pour édifier le bien. Voilà pourquoi je suis calme, après avoir été ardent.

Le plus grand événement de la semaine n'est pas le rapport de M. le duc d'Audiffret-Pasquier, mais bien le discours de M. le général Chanzy. C'est que l'un regarde le passé et que l'autre concerne l'avenir. Vous ferez bien cependant de continuer à répandre le rapport du duc, mais vous feriez mieux encore en distribuant le discours du général.

M. Chanzy, qui est un brave et savant militaire, était demeuré étranger aux opinions politiques qui divisent notre pays. Néanmoins, en quittant l'armée de la Loire pour aller siéger à Bordeaux, il était disposé à servir le gouvernement monarchique qui se serait senti le courage pour sauver la France, daffronter les difficultés et même les dangers de la situation. Aucun n'a eu le patriotisme d'assumer la grave responsabilité des efforts à faire et des résolutions à prendre pour atteindre ce noble but. Seule, la République a eu assez de désintéressement pour ne pas reculer devant le lourd fardeau que les circonstances imposaient à son dévouement. Son ardent amour du pays a ignoré les froids et égoïstes calculs des rêveurs de restauration monarchique. Cette noble et patriotique attitude a décidé la conviction du général Chanzy. Nommé président de la réunion du centre gauche, qui compte une centaine de membres de l'Assemblée nationale dans son sein, M. Chanzy a déclaré qu'il acceptait loyalement la République et qu'il mettait au service de son gouvernement tout ce qu'il avait de bonne volonté et de dévouement. « Ainsi donc, Messieurs, « disons-le hautement, s'est-il écrié: Nous « acceptons franchement dans la forme et « dans le fond la République, puisqu'elle « existe de fait, parce que nous sentons « tous que, dans les conditions où se trouve « la France, c'est la seule forme de gouver- « nement possible, et que le provisoire serait « la faiblesse et l'impuissance. » Ces paroles ont été couvertes d'applaudissements répétés par tous les membres du centre gauche.

Vous voyez, mon cher Louis, que j'ai un juste sujet de me réjouir puisque la République vient de faire une aussi importante recrue. Un esprit distingué, qui n'était pas républicain d'éducation ni de tradition, est devenu républicain par l'ardeur de son patriotisme et par la force de sa raison. Vous savez que votre compatriote M. Emile Leroux fait partie du centre gauche. Quant aux autres députés de l'Oise, ils font partie de la droite et du centre droit. Avant de travailler à relever les ruines de notre malheureuse France ils songent déjà à la restauration d'un de ces gouvernements monarchiques qui récompensent si bien leurs serviteurs au détriment du pays.

La semaine ayant été bonne pour la République, c'est-à-dire, pour la patrie ; souffrez mon cher Louis, que je vous embrasse cordialement.   Votre bien dévoué,

                                JACQUES.

IVe LETTRE

DE LOUIS A JACQUES

Blicourt (Oise), le 18 mai 1872.

Mon cher Jacques,

Je me suis réjoui en lisant dans votre dernière lettre, que la République se consolide, qu'elle fait des progrès rapides, et qu'elle marche à sa consécration définitive. Je m'en réjouis d'autant plus vivement, que nous avons besoin de stabilité pour la reprise des affaires, pour le rétablissement de notre crédit et pour la libération de notre territoire.

Néanmoins, quand j'écoute ce qui se dit et quand je regarde ce qui se fait autour de moi, je crains que dans l'ardeur de vos désirs vous ne preniez vos espérances pour des réalités. Les circonstances sont trop graves pour qu'un patriote perde son sang-froid et se laisse aller à de trompeuses illusions. Il est plus salutaire, ce me semble, de s'exagérer les difficultés, afin de retremper son courage et de puiser de nouvelles forces dans la résistance qu'on rencontre.

Or, on dit dans nos villages, que les impôts sont plus lourds et plus nombreux que jamais, qu'il en sera ainsi tant que nous serons gouvernés par la République, et que l'Empire seul pourrait alléger et diminuer nos charges. On ajoute que sous Napoléon III il n'y a jamais eu de Chambre aussi stérile, aussi bavarde et aussi peu agissante que l'Assemblée qui siége à l'heure qu'il est à Versailles. Je vous laisse à penser si les Bonapartistes, puisqu'il y en a encore ! s'empressent de répandre, de colporter et de propager ces bruits. Les républicains peuvent sans doute rétablir la vérité en prouvant par des chiffres et par des faits, que nos dettes sont une conséquence fatale et nécessaire de la guerre, que la guerre a été déclarée par l'Empereur seul malgré le vœu du pays, et que ces dettes doivent être payées par la France, quelque soit son gouvernement. Les républicains peuvent ajouter que l'impuissance de l'Assemblée serait bien vite guérie, sans la moindre secousse, par la dissolution et par des élections générales nouvelles.

Malheureusement, les républicains n'ont pas partout la parole. Les bonapartistes, dans certains départements, peuvent, sans être inquiétés forger et débiter leurs calomnies contre la République, tandis que les républicains qui veulent défendre le gouvernement de M. Thiers sont par certaines autorités condamnés au silence. Croyez-vous, mon cher Jacques, que cette inégalité, au moins étrange, soit de nature à inspirer confiance dans la force et dans la stabilité de nos institutions ? Je ne comprend pas, je dois vous l'avouer, le maintien de fonctionnaires de la République qui entendent et pratiquent ainsi leurs devoirs. J'espère que votre expérience des hommes et des choses m'aidera à éclaircir ce mystère. En attendant, vous me permettrez, malgré l'important manifeste du général Chanzy, de ne pas partager tous vos enthousiasmes. Vous le savez, nous autres paysans, nous sommes des gens positifs, et il faut qu'une nouveauté, même favorable, nous soit dix fois démontrée vraie pour que nous l'acceptions enfin comme telle.

Depuis que vous voulez bien correspondre avec moi, et me tenir au courant de ce qui se passe de plus important en politique, plusieurs de mes camarades, qui ne sont pas complètement absorbés par la culture de la terre, et qui ont l'intelligence et le souci des intérêts généraux du pays, viennent quelquefois causer avec moi le soir. De nos conversations et de nos discussions résultent souvent des éclaircissements qui ne manquent pas d'utilité. Nous formons comme une sorte d'école mutuelle républicaine : chacun apprend aux autres ce qu'il sait. C'est une modeste application du principe républicain de la solidarité. C'est moi qui suis le plus fréquemment le moniteur, parce que je reçois vos lettres et que je lis assiduement la *Gazette des Paysans*. Eh bien ! l'autre soir, ce fameux moniteur, votre élève, est resté en figure d'âne en présence de cette question : qu'a fait l'Assemblée de Versailles depuis qu'elle est rentrée de ses vacances ? J'ai bien trouvé à citer quelques discours, mais je n'ai pu déterrer aucun acte, aucune loi. Je compte sur votre réponse pour faire meilleure figure devant mes amis.

Le notaire Lebesgue, qui vous blâmait toujours de vous occuper de politique, disant que vos patriotiques préoccupations nuiraient à vos affaires, vient de mourir aux eaux. Il a laissé un passif d'un demi-million. Les pauvres diables qui ont placé chez lui leur argent, au lieu de le mettre dans leur culture, ainsi que vous leur conseilliez de le faire, ne toucheront pas plus de 20 0|0 de leur créance. La réaction ne dit pas de mal de Mᵉ Lebesgue. C'était un homme bien pensant.

Vous m'avez promis de venir à la fête de notre village. J'espère que vous tiendrez votre promesse.

Votre bien dévoué,
Louis.

RÉPONSE

DE JACQUES A LOUIS

Paris, le 13 mai 1872.

Mon cher Louis,

Je ne saurais vous exprimer tout le plaisir que m'a causé votre dernière lettre. Les réflexions que vous a suggérées ma confiance dans l'avenir de la République me prouvent

que vous êtes devenu véritablement républicain, non-seulement de raison et de foi,
mais encore de tempérament et de pratique. Autrefois, sous l'empire, vous étiez
toujours de l'avis de celui qui vous avait
parlé le dernier. Vous n'aviez pas encore pris
l'habitude de voir par vos yeux et de juger
par vous-même. Vous considériez comme
paroles d'Evangile tout ce qui était écrit.
Aujourd'hui, depuis que les désastres qui
ont signalé la fin du gouvernement de Napoléon III ont trompé vos espérances et fait
mentir les promesses dont on vous accablait,
vous n'acceptez rien que sous bénéfice d'in-
ventaire et vous remplacez la crédulité naïve
par un examen attentif et réfléchi. Je ne puis
que vous féliciter, mon cher Louis, de cette
nouvelle disposition d'esprit, même quand
elle se manifeste à mes dépens. Je suis heureux de vous voir prouver une fois de plus
que : chat échaudé craint l'eau froide.

Je connais aussi bien que vous l'attitude
anti-républicaine de certains fonctionnaires
de la République. Je suis loin d'en être sa-
tisfait, mais je ne m'en effraye pas outre
mesure. Si ma conscience se révolte à la vue
d'un tel désaccord entre les paroles et les
actes, ma raison trouve des consolations
dans une aussi étrange anomalie. Quel est,
je vous le demande, le gouvernement monarchique, — légitimité, orléanisme ou empire — qui pourrait résister à de semblables
contradictions, à de pareilles causes d'affai-
blissement ? Le gouvernement impérial avait
dans sa main armée, administration, magistrature, clergé, chambre des députés etc. et

cependant il ne se sentait pas en sûreté. Il savait bien qu'il gouvernait contre le sentiment national. Aussi, il a suffi d'un souffle pour le renverser. Le gouvernement républicain, au contraire, a contre lui, je dois le reconnaître une grande partie des corps constitués. Néanmoins, malgré cette puissante cause d'infériorité, il subsiste et se fortifie de jour en jour. Pourquoi? Parce que le sentiment national est avec lui. Vous voyez donc bien, mon cher Louis, que je n'ai pas tout-à-fait tort de me réjouir de la tournure que prennent les événements.

Comment se fait-il que M. Thiers, qui n'ignore pas cet état de choses, et qui ne saurait s'en dissimuler les dangers, n'apporte pas à cette fausse situation un remède aussi prompt qu'efficace? Voilà ce que nombre d'excellents patriotes se demandent. Nos amis ont raison. Seulement, ils oublient trop que M. le Président de la République n'est pas libre, que son action est enchaînée par une Assemblée en majorité royaliste, et qu'il ne peut empêcher cette réaction aveugle de perdre de nouveau la France qu'en ayant recours aux plus grands ménagements. Malgré sa prudence peut-être excessive, M. Thiers poursuit son œuvre patriotique qu'il mènera certainement à bien, car il a pour complice le pays, et pour auxiliaire le temps. L'année ne s'écoulera pas en effet sans que la dissolution de l'Assemblée de Versailles ne s'impose à tous les amis de la France comme une nécessité fatale, comme un acte de salut public.

Vous désirez savoir ce qu'a fait cette As-

semblée depuis le congé qu'elle s'est accordé.
Je dois vous déclarer que mon embarras
n'est pas moindre que le vôtre. Je lis pourtant chaque jour le *Journal officiel* et je suis
consciencieusement les comptes-rendus des
séances de l'Assemblée. Je n'ai guère remarqué que des débats aussi stériles qu'irritants,
mais tristement intéressants, en ce sens qu'ils
établissent jusqu'à l'évidence aux yeux les
moins prévenus l'impuissance et l'incorrigibilité des factions royalistes. Unies pour démolir, elles sont divisées pour reconstruire.
Ainsi les Mérovingiens étaient d'accord pour
modifier l'ancienne loi sur la magistrature,
mais ils n'ont pu s'entendre pour voter la
nouvelle loi. Ils ont discuté pendant des semaines sans pouvoir arriver à un résultat.
Il en est à peu près de même de tous les autres projets. Je vous demande si c'est par
des bavardages qu'on pourra régénérer la
France et réparer les désastres accumulés
par vingt années d'Empire.

Si vous vous proposez, mon cher Louis, de
faire aimer la République, bornez-vous à la
faire connaître. Pour atteindre ce but propagez les journaux républicains et multipliez
les conférences. La lumière ne tardera pas à
se faire. Je compte sur votre zèle et sur votre
patriotisme.

Votre bien dévoué.

JACQUES.

Vᵉ LETTRE

DE LOUIS A JACQUES

Blicourt (Oise), le 26 mai 1872.

Mon cher Jacques,

J'apprends par la rumeur publique que vous communiquez à la *Gazette des Paysans* les lettres dans lesquelles nous échangeons à distance nos vœux, nos idées et nos sentiments.

Je suis bien éloigné de voir de mauvais œil cette petite indiscrétion. L'idée de m'en fâcher ne s'est même pas présentée à mon esprit ; car je suis de ceux qui pensent qu'un honnête homme ne doit jamais dire tout bas ce qu'il ne pourrait répéter tout haut. Seulement, j'ai été surpris que vous attachiez quelque importance à mon bavardage. Vous avez sans doute pensé que la conversation et la confession d'un plébiscitaire comme moi pourraient-être utiles à tous les hommes de bonne volontés qui se sont laissé égarer lors des élections du 8 mai 1870 et du 6 février 1871. S'il en est ainsi, je ne puis qu'approuver l'intention qui vous a dirigé, et j'aurais mauvaise grâce à m'emfermer dans mon égoïsme.

En me faisant sortir de mon obscurité et

en me mettant un peu en relief, vous m'avez
exposé à la critique et au blâme de tous les
gens qui ont des rapports avec le château et
avec le presbytère. « Ce pauvre Louis est en
« train de mal tourner, dit M. le baron. C'est
« dommage, ajoute-t-il, car c'était un bon
« travailleur et un excellent père de famille. »
M. le vicaire n'y met pas tant de façons. Il
parcourt la commune du matin jusqu'au soir,
sous un prétexte ou sous un autre. Il ne
rencontre pas une commère sans tailler une
bavette avec elle. La conversation ne tarde
pas à s'engager sur mon compte. « Ne m'en
« parlez pas, réplique M. le vicaire, je n'ai
« jamais été dupe des airs vertueux de ce
« M. Louis. Il a beau accomplir tous ses
« devoirs selon le monde. Je me disais tou-
« jours, qu'un homme qui ne fréquente pas
« les offices et qui lit les journaux ne peu-
« vait-être un honnête homme. Vous le
« voyez aujourd'hui. »
   Je vous laisse à penser mon cher Jacques,
si les commères se font faute, après ces cha-
ritables insinuations, d'aller clabauder par
tout le village Il n'y en a pas pour un sou ;
elles en mettent pour dix. J'ai fini par être
déconsidéré auprès de certaines gens, à la
suite de toutes ces manœuvres. Mais M. le
vicaire s'en frotte les mains, car il comptait
bien là-dessus. Il peut dire comme Titus
qu'il n'a pas perdu sa journée.
   Cette nouvelle situation qui m'est faite ne
me réjouit certes pas, mais elle ne m'afflige
pas non plus outre mesure. Aux jugements
téméraire des vieilles dévotes, et des habitués
de sacristie, je préfère le témoignage de ma

conscience. Il vaut mieux être un honnête homme calomnié, qu'un Tartufe ou un coquin revêtu du manteau de la religion. Je n'ai pas tardé du reste à trouver une compensation à ces misères. Les hommes éclairés et indépendants, dans la conversation desquels il y a toujours à gagner, se sont rapprochés de moi et m'ont admis dans leur intimité. Ils ont vu que je suis un homme de bonne foi et de bonne volonté. Vous voyez qu'à tout prendre j'ai peu perdu et que j'ai beaucoup gagné.

Vous me conseillez, mon cher Jacques, dans un intérêt de propagande républicaine et démocratique de créer des comités, de fonder des journaux et d'organiser des conférences. Vous paraissez croire que le département de l'Oise est resté en retard sous ce rapport. Détrompez-vous. Depuis les déplorables élections de février 1871, il s'est éveillé. Il s'est rendu compte des dangers qu'il y avait pour l'agriculture, le commerce et l'industrie à se faire représenter par des ducs, des marquis, des comtes, des vicomtes et des barons. C'est pour cela que les comités de Compiègne, Ribécourt, Senlis, Montataire, Noailles, Mouy, Méru, Marseille etc. ont pris naissance, et que d'autres sont en voie de formation. C'est pour cela que la *Gazette des Paysans* a eu un succès si prompt et si complet, que son tirage dépasse celui de la plupart des anciens journaux. Elle a été sympathiquement accueillie par tous les patriotes, dont le nombre s'accroît chaque jour. Quant aux conférences, elles ne sont pas non plus négligées dans l'Oise. Un de nos compatriotes, avocat à la Cour de Paris, est déjà venu, appelé par les patriotiques et intelligentes populations de Compiègne, Ribécourt et Montataire. Il était dimanche dernier à Noailles, où devant un nombreux et sympathiques auditoire, il a traité de l'histoire de la Restauration, et notamment de la Terreur blanche et de la Chambre introuvable. Il m'a même dit qu'il n'avait jamais rencontré d'auditeurs plus bienveillants, plus attentifs, mieux disposés et plus aptes à s'instruire. Tous ces progrès qui sont incontestables, sont dûs à l'initiative de citoyens indépendants et dévoués, dont le civisme se montre à la hauteur des pénibles circonstances que nous traversons.

Vous voyez, mon cher Jacques, que le département de l'Oise répare avec ardeur le temps perdu, et qu'il ne tardera pas à se signaler sur le chemin de la liberté et de la démocratie.

Il serait à désirer que l'Assemblée de Versailles allât aussi vite que nous dans la même voie. La France serait moins inquiète du présent et moins incertaine de l'avenir.

Vous pouvez vous tranquilliser. Les paysans reviennent de leurs erreurs passées. Ceux-là seuls parmi les Français leur peuvent jeter la première pierre, qui sont eux-mêmes sans peur et sans reproche.

Votre dévoué et affectionné concitoyen.

LOUIS.

RÉPONSE

DE JACQUES A LOUIS

Paris, le 27 mai 1872.

Mon cher Louis,

Je ne vous ai pas consulté pour la publication de nos correspondances, parce que je n'ai pas douté un seul instant de votre consentement. Le simple soupçon d'égoïsme eût été un outrage pour votre nature franche et loyale. Je n'ai redouté que votre modestie. Voilà pourquoi j'ai prudemment tourné la difficulté. Aujourd'hui, le vin est tiré, il faut le boire.

Je ne suis nullement surpris de la situation dans laquelle vous ont placé vos préoccupations politiques. Tous les gens qui entretenaient votre ignorance, parce qu'ils exploitaient votre indifférence, sont naturellement furieux. Ils sentent que vous vous émancipez; que vous échappez à leur tutelle et à leur patronage; et que vous devenez enfin un homme. Ils ne peuvent plus compter sur vous pour vous guider et vous diriger à leur guise. Vous êtes devenu leur égal. En vous traitant en ennemis ils ne font que prendre les devants ; car ils savent très-bien que vos véritables intérêts, qui se confondent avec ceux de la France, n'ont rien de commun avec les intérêts de leur ambition. S'ils cherchent à jeter sur vous de la déconsidération, comme sur tous les républicains, c'est afin que vous trouviez moins d'imitateurs.

Rassurez-vous. Ces vilains oiseaux, qui ne sont oiseaux de nuit que parce qu'ils sont oiseaux de proie, sont maintenant devinés, c'est-à-dire, perdus. Il a suffi d'un simple clair de lune pour opérer ce miracle. Vienne la lumière de la vraie et grande République, vous en verrez bien d'autres. Voila pourquoi les aigles et les autres animaux de la ménagerie monarchique poussent des cris de chat-huant. Nous ne sommes encore qu'à l'aurore. Au lever du soleil ils rentreront dans leurs trous et nous laisseront tranquilles.

Vous êtes maintenant bien fort, puisque vous avez su élever votre cœur au-dessus de la calomie. Vous avez brisé la chaîne qui vous attachait à des préjugés vermoulus. Vous devez éprouver un sentiment indicible de soulagement. Vous êtes libre enfin. Vos sentiments vous appartiennent. Vos idées sont bien à vous. Vous n'avez à attendre un signe de personne pour savoir ce qu'il faut penser et croire. Vous êtes votre maître. Vous né regrettez pas, j'en suis sûr, votre sommeil d'hier. Vous avez quitté les ténèbres pour la lumière, et du fond du marais où vous croupissiez, vous vous êtes mis à escalader les hauteurs. Déjà vous respirez l'air pur et vif de la montagne. Tous vos sens sont régénérés. Toutes vos facultés sont en exercice et en équilibre. Encore quelques heures de marche, et vous n'entendrez plus le cri des hiboux, les croassements des grenouilles et les sifflements des serpents.

Comme vous, j'ai souffert de la calomnie, non pour moi, mais pour les miens. Je lui ai opposé sans sourciller, le plus souverain dédain. Elle m'a suivi de Blicourt à Paris. Honteuse d'elle-même et désespérée de son impuissance à me nuire, elle a fini par rentrer dans ses antres naturels, le château et le presbytère.

Je vois avec plaisir que vous placez le témoignage de votre conscience, et l'estime des esprits droits et des cœurs loyaux, bien au-dessus de l'approbation banale et complaisante de vos flatteurs intéressés. C'est ainsi qu'on arrive à pouvoir faire dignement son devoir, et par conséquent à être heureux.

Tout ce que vous me dites de l'Oise est pour moi une véritable révélation. J'ignorais que tant de progrès eussent été réalisés en si peu de temps. Je lis pourtant avec la plus grande attention tous les grands journaux de ce département. La plupart sont restés muets sur ce remarquable mouvement, probablement parce qu'il les rassure moins qu'il ne les effraye. Voilà pourquoi ils aiment mieux parler d'une plantation de calvaire que de rendre compte d'une conférence, et annoncent plus volontiers un tir à l'oie qu'une réunion publique, littéraire artistique ou scientifique. Qu'un vol de poules ou de lapins ait lieu dans un village, ils se garderont bien de le passer sous le silence. Qu'un de leurs compatriotes publie un livre ou fonde un journal, pas un n'en soufflera un traître mot. Ils s'excusent de cette étrange pratique,

Sur le dos de leurs lecteurs, en prétendant que leurs abonnés n'aiment pas les choses de l'esprit. Si je voulais être méchant je dirais que ces journaux ont cent fois raison, et que c'est précisément parce que leurs abonnés n'aiment pas les choses de l'esprit, que le nombre de leurs lecteurs est encore si grand. Mais je préfère la vérité à une malice. Or, la vérité est que ces journaux vendus à quelques individualité intrigantes et ambitieuses craignent de déplaire à qui les soudoye, en parlant de leurs concurrents possibles. Voilà pourquoi, bien qu'étant abonné à plusieurs journaux de l'Oise, j'ignore ce qui se passe dans ce département. Aussi suis-je heureux de m'être abonné à la *Gazette des Paysans* qui ne parle que pour dire quelque chose. Elle me laisse ignorer, il est vrai, le nombre des chiens qui se noient chaque jour, mais me fait connaître le mouvement des idées ; ce qui est une compensation à mes yeux.

Dans quelques jours, mon cher Louis, je serai auprès de vous. Les affaires qui me retiennent à Paris sont heureusement débrouillées. Nous pourrons donc reprendre pendant quelque temps le cours de nos conversations.

A bientôt.

Votre tout dévoué.

JACQUES.

VIe LETTRE

DE LOUIS A JACQUES

Blicourt (Oise), le 17 juin 1872.

Mon cher Jacques,

Depuis votre départ je me félicite de jour en jour davantage d'avoir suivi vos excellents conseils. Les résultats obtenus sont bien loin d'être indignes des efforts d'un patriote.

Grâce aux réunions publiques, les citoyens qui se préoccupent du salut de la patrie ont fini par se connaître et ne sont plus étrangers les uns aux autres. Ils n'étaient d'abord que quelques-uns ; ils s'appellent maintenant légion. Leur courage et leur activité se sont accrus avec leur nombre. Ils ne se préoccupent plus maintenant du qu'en dira-t-on. Le seigneur du village, qui est aussi souple avec les forts qu'il est impertinent avec les faibles, ne cherche plus à nous tourner en ridicule. M. le vicaire s'est bien calmé ; on dirait que son zèle s'est refroidi. Il fréquente beaucoup moins les commères. S'il va encore les voir quelquefois, par un reste d'habitude, ce n'est plus en plein jour, la tête relevée et le jarret tendu, mais par les nuits brunes, en rasant les maisons, avec un air de mystère. Il pénètre quelquefois par les *courtils*, en enjambant les haies afin de mieux dissimuler ses démarches. Quand il me rencontre il ne passe plus fier en me jetant un regard brillant de haine ; aussitôt qu'il me voit il compose son visage ; son œil s'adoucit, sa bouche sourit et son échine pour me saluer trouve des inflexions que je ne lui connaissais pas et dont je ne la croyais pas capable. C'est notre succès qui a opéré ces miracles. La chaire de vérité ne retentit plus de calomnies contre les philosophes, les savants, les journalistes et ceux qui les lisent. M. le vicaire ne dit plus que ceux qui ne vont pas à la messe sont des coquins. Il se borne à enseigner les dogmes et à prêcher la morale à ceux ou à celles qui veulent bien aller l'écouter. Ah ! que vous aviez bien raison de me dire : plus nous reculerons plus ils avanceront ; plus nous avancerons, plus ils reculeront ! Il y a encore dans le village quelques gros bonnets dont l'âge a durci la cervelle, qui échappent à l'entraînement général, mais la plupart des jeunes gens, ceux surtout qui ont reçu quelque instruction, reconnaissent que le salut de la France est dans la République.

J'entretiens le feu sacré par mes réunions du dimanche soir, réunions auxquelles j'admets les plus intelligents. Là, nous causons des événements de la semaine. Un d'entre nous fait à tour de rôle une lecture à haute voix ; puis, chacun fait part de ses imprésions et de ses réflexions. A l'aide de quelques légères cotisations nous avons acheté un fonds de bibliothèque, auquel on a fini par faire de fréquents emprunts. Ce qu'on lit de préférence, c'est l'histoire de France depuis Louis XIV jusqu'à nos jours. Il a suffi de quelques conférences faites par un orateur chaleureux, pour inspirer le goût des études historiques. Les plus épais plébiscitaires, ceux qui avaient suivi avec le plus d'aveuglement les pernicieux conseils des fonctionnaires impériaux sont les premiers à reconnaître leur erreur. Par l'étude du passé ils se rendent compte de la situation actuelle. Ils voient bien que le clergé et la noblesse, dépossédés de leurs odieux priviléges de 1789 essaient de reprendre d'une main ce qu'ils ont été obligés d'abandonner de l'autre. Voilà pourquoi ils se liguent avec la haute bourgeoisie contre les républicains afin que le rétablissement de la monarchie maintienne, en dehors du talent et du mérite, les fonctions dans certaines familles comme autant de fiefs héréditaires. Heureusement pour tous les hommes de travail, la République est enfin comprise et par conséquent fondée.

Pour achever notre œuvre, mon cher Jacques, il ne reste plus qu'à la généraliser. Il faudrait pour cela un homme comme vous par chaque canton. Malheureusement, il est tels cantons, que je pourrais citer, où un éclair de lumière n'a pas encore pu pénétrer. C'est là surtout que nous devons à l'avenir porter tous nos efforts afin de ne pas voir notre victoire compromise par l'ignorance de braves gens, qui croiront bien faire en nous conduisant de nouveau à notre perte.

Salut fraternel.

LOUIS.

RÉPONSE

DE JACQUES A LOUIS

Paris, le 19 juin 1872.

Mon cher LOUIS,

Vous voyez, mon cher ami, qu'il ne faut jamais se décourager. Lorsque pour la première fois je vous ai parlé d'amener nos campagnes à la République, vous, m'avez répondu par un sourire d'incrédulité. « Com-
« ment est-il possible, me disiez vous d'ar-
« racher nos paysans à l'influence plusieurs
« fois séculaire de la noblesse et du clergé ?
« Habitués à prendre le mot d'ordre au pres-
« bytère et au château, ils fermeront tou-
« jours les yeux à la lumière et feront tou-
« jours la sourde oreille à la science. Il s'é-
« coulera au moins vingt années avant qu'ils
« se préoccupent des intérêts généraux du
« pays. »
Tel était votre langage. Vous vous rappe-
lez quelle fut ma réplique. « Les paysans,
« vous disais-je, sont plus intelligents que
« vous ne pensez, surtout quand il s'agit
« de leurs intérêts. Ils finiront bien par sa-
« voir que c'est malgré les résistances de la
« noblesse et du clergé qu'en 1789 ils sont
« arrivés à la propriété et à la famille, et

« par s'apercevoir que ces deux castes sont
« toujours demeurées hostiles, par esprit de
« corps et par un instinct mal entendu, au
« progrés moral comme au progrès maté-
« riel. Il se rappelleront qui les a trompés
« au plébiscite, et qui leur a donné de salu-
« taires avis ou de pernicieux conseils, des
« républicains ou des agents monarchistes. »
Vous voyez que je n'ai pas trop présumé de
leur bon sens et de leur finesse.

Les résultats ainsi obtenus doivent nous
encourager à en poursuivre de nouveaux.
Tâchez de rencontrer dans chaque village
voisin un homme d'intelligence et de cœur,
animé d'une bonne volonté incontestable, et
décidez-le à faire dans sa commune ce que
vous avez fait dans la vôtre. En s'étendant
le mouvement d'émancipation finirait par se
généraliser, et nous n'aurions plus à craindre les douloureuses surprises d'un plébiscite.

Me trouvant à Versailles ces jours derniers, et n'ayant rien de mieux à faire, j'eus
l'idée d'assister à une séance de la Chambre.
La chose n'était pas aussi facile que je me
l'étais figuré. On dirait que les commis législateurs tiennent à se soustraire aux re-
gards de leurs commettants. Cette pudeur
que justifient les scènes dont j'ai été le témoin, m'aurait vivement touché s'il ne
s'agissait de mandataires responsables vis-à-
vis de leurs électeurs. Je ne pus trouver
place dans la tribune publique qui peut à
peine contenir une trentaine de personnes.
Les autres tribunes sont réservées aux gros
bonnets de l'armée, du clergé, de la magis-

trature, de l'administration et de la finance. Elles étaient remplies aux trois quarts par des dames aux toilettes resplendissantes qui étaient venues là comme on va au spectacle ou au Jardin des Plantes. Moi, électeur, qui n'étais pas fâché de voir fonctionner ceux que j'avais investis du mandat législatif je ne pus pénétrer dans le sanctuaire des lois que grâce à la protection d'un appariteur que j'avais autrefois obligé.

La séance commencée pour deux heures ne commença guères avant trois heures. M. le comte Jaubert, parla une demie heure pour dire que les séances étaient trop courtes, et que l'Assemblée employait mal le peu de temps pendant lequel elle était réunie. Il proposa au milieu du bruit causé par les allées et venues des députés arrivés en retard et des conversations des autres, qu'il fut à l'avenir remédié à cet état de choses. Cette proposition était raisonnable ; elle fut rejetée. M. Jaubert fut accueilli comme un trouble-fête. Est-ce qu'il s'imaginait que les grands seigneurs de la droite avaient accepté ou plutôt sollicité le mandat de député pour passer tout leur temps à s'occuper des affaires de la nation dans une salle mal aérée ? Ce serait bon pour les fanatiques et pour les exaltés de la gauche qui ignorent les jouissances de la vie, et qui se figurent être heureux quand ils ont accompli leur devoir.

M. de Belcastel monte alors à la tribune. Ce qu'il dit, je ne saurais vous le répéter, car je n'en ai pas entendu un traître mot. J'ai appris seulement par le *Journal officiel* qu'il avait demandé le rétablissement, sous le nom de substitution, du remplacement militaire. Pendant qu'il lisait ses longues et mortelles pages personne n'écoutait. Les uns dormaient ; les autres lisaient leur journal ; la plupart causaient à haute voix. Un prêtre, qu'on m'a dit être M. Dupanloup, évêque d'Orléans, quoique placé près de la tribune, n'écoutait pas plus que ses voisins. Il passait tout son temps à causer avec le gros Batbie et avec l'élégant Bethmont. Plusieurs députés de la droite, des gentilshommes vraisemblablement, ornés de lorgnettes comme des anglais en voyage, s'amusaient à lorgner les dames qui ornaient les tribunes aristocratiques, et les saluaient de la main. La gauche baillait et demandait de temps en temps la clôture ; alors la droite comme poussée par un ressort se levait tout à coup et criait à tue tête, de manière à réveiller les dormeurs ; *parlez. parlez !* C'est que l'orateur, le liseur, veux-je dire — était un des siens. Navré d'un tel spectacle je me retirai à cinq heures. M. de Belcastel, que personne n'écoutait, était toujours à la tribune. Voilà, mon cher Louis, ce que font nos législateurs, pendant que l'ennemi souille encore notre sol, pendant que nous avons trois milliards à trouver, pendant que tous les français véritablement patriotes se préoccupent d'asseoir définitivement les institutions républicaines, afin d'assurer la justice par la liberté en vue de l'établissement de l'ordre.

Si vous connaissez encore de braves gens qui ne soient pas partisans de la dissolution de l'Assemblée conviez-les à assister à une séance de cette Assemblée, à Versailles et je m'engage, s'ils reviennent sans être guéris de leur erreur, à proclamer partout l'éloquence et le désintéressement du duc d'Aumale.

Votre bien dévoué,

JACQUES.

VIIe LETTRE

DE LOUIS A JACQUES

Blicourt (Oise), le 25 juin 1872.

Mon cher Jacques,

Il y a quelques jours le hasard m'a rendu témoin d'une singulière conversation. J'ai été tellement surpris de ce que j'ai entendu, que j'ai d'abord refusé d'en croire mes oreilles, et que je ne suis pas encore complétement remis de la vive émotion que j'ai éprouvée.

C'était vers le soir, la chaleur du jour avait été tellement étouffante qu'après avoir fauché ma pièce de luzerne j'ai senti le besoin avant de rentrer au logis de prendre un peu de repos. J'étais couché sur l'herbe derrière la haie du parc de monsieur le marquis. Je pen-

sais à l'occupation prussienne, à la prochaine
récolte et à la situation de la France, lorsque
j'entendis un bruit de pas et de voix qui se
rapprochait insensiblement de moi. C'était
M. le marquis qui daignait se promener avec
son garde-champêtre. Je prêtai involontai:
rement l'oreille, et voici ce que j'entendis -

. . . .

. . . .

M. LE MARQUIS. — Tu ne comprendras jamais rien, mon pauvre Jean, aux choses de
la politique. Tu penses bien que ce n'est pas
pour mon plaisir que j'ai demandé a être député Est-ce que je ne serais pas cent fois
mieux dans mon château que dans n'importe
quel hôtel de Versailles? Est-ce que les allées
de mon parc ne sont pas préférables aux cou-
loirs de la Chambre? Quant à l'indemnité de
député, elle est tout-à-fait insignifiante pour
moi, puisque j'en ai dépensé trois ou quatre
fois autant pour me faire nommer.

JEAN.—Pourquoi alors monsieur le marquis
ne reste-t-il pas à Fouilly-les-Oies auprès de
madame la marquise. Il goûterait ici des
plaisirs qui lui sont interdits à Versailles. Il
pourrait chasser, pêcher et fumer toute la
journée comme autrefois. Chaque matin il
accompagnerait madame la marquise et M.
Henri à la messe. Après la messe, il rendrait
visite à M. le curé pour savoir ce qu'il y a
de nouveau dans le village. En rentrant au
château, M. le marquis recevrait le salut de
tous les paysans qui auraient l'honneur de le
rencontrer. A Versailles, au contraire, les
passants ne font pas plus attention à M. le
marquis que s'il n'existait pas.

M. le marquis. — Tu as raison, Jean. Si je suis resté jusqu'à présent à Versailles c'est afin de prévenir les affreuses calamités qui nous menacent. Tu sais que depuis près de deux ans déjà, nous avons le malheur d'être en République. Je me consolais en pensant que cela ne durerait pas. Nous avons pris nos mesures pendant la guerre contre Sa Majesté le roi de Prusse, empereur d'Allemagne, pour composer une chambre royaliste. Nous avions à peu près réussi et nous attendions le moment propice pour mettre notre bien-aimé roi Henri V sur le trône de ses pères lorsque M. Thiers, un homme de rien, que nous croyions disposé à nous servir, s'est avisé, sous prétexte de patriotisme, de contrecarrer nos projets. Aussi nous avons résolu de le renverser afin de renverser du même coup la République. Voilà pourquoi je reste à Versailles, malgré le peu d'agrément que j'y goûte, exposé à rencontrer chaque jour ces odieux républicains qui ont presque l'air de nous considérer comme des imbéciles, parce qu'ils ont plus de science et plus de talent que nous, et que les journaux s'occupent d'eux.

Jean. — Mais pourquoi monsieur le marquis se fait-il tant de bile au sujet de la République? Est-ce que depuis que cette forme de gouvernement existe il y a quelque chose de changé en France? Les parents de monsieur le marquis ont tous conservé leurs places. Son frère est toujours ambassadeur; son oncle est encore receveur général; ses neveux et cousins sont préfets, sous-préfets, substituts et même procureurs de la République. Monsieur le marquis n'a donc rien à craindre.

M. LE MARQUIS. — C'est vrai, nous avons la République sans républicains. Mais comme à chaque élection nouvelle le pays, sur lequel le clergé et la noblesse n'ont plus la même influence qu'autrefois, accroit le nombre des républicains de la Chambre, nous pouvons prévoir le moment où la Chambre sera en majorité républicaine. Si ce malheureux moment arrive, et il arrivera si M. Thiers reste au pouvoir parce que le président de la République laisse les électeurs voter comme bon leur semble, c'en est fait de notre influence dans le pays.

JEAN. — Qu'est-ce que cela peut faire à monsieur le marquis. Il n'en possèdera pas moins son château, ses bois, ses près, ses champs, etc. Je ne pense pas que les républicains veulent partager ses biens, comme le prétend la *Fleur de lys* le journal de Mgr l'évesque.

M. LE MARQUIS. — Sans doute, les républicains ne veulent pas le partage. Ils sont bien trop fiers pour cela. Mais s'ils arrivent sérieusement au pouvoir, ils bouleverseront la société de fond en comble. Ils commenceront par décréter l'instruction obligatoire et le service militaire obligatoire. Toutes les règles de hiérarchie sociale seront foulées aux pieds. Non-seulement mon fils devra être soldat tout comme les enfants de mes fermiers, mais le fils de Sauveur le vacher, pour peu qu'il ait quelques dispositions, sera aussi instruit qu'Henri. Est-ce que nous pouvons tolérer un pareil scandale ? Ce n'est pas tout. Avec la République, les impôts indirects qui frappent également sur tous, seront remplacés par l'impôt sur le revenu qui frappera principalement sur ceux qui possèdent. Une pareille iniquité ne peut-être acceptée. Nous autres, qui n'avons pour vivre que nos revenus, et qui ne trouvons pas de ressources dans le travail comme les cultivateurs, les industriels, les commerçants, les professeurs, les médecins, les avocats, les ingénieurs, les journalistes etc., nous serons bientôt ruinés avec un pareil système. Nous ne pourrons plus alors payer nos laquais, nos valets, nos femmes de chambre, nos cuisinières, nos cochers, etc. Que deviendront nos fils, si les places ne sont plus données qu'au concours, si tout le monde est admis au concours, et si nous ne choisissons plus nous-mêmes les juges du concours. Tu comprends maintenant, Jean, pourquoi je me suis fait capitulard pour aller siéger à Bordeaux, puis à Versailles, et pourquoi je conspire à l'heure qu'il est pour y rester, malgré le peu de charmes que j'y trouve.

. . . .

. . . .

Je ne sais ce que répondit Jean, le garde-chasse, car sa voix se perdit dans les profondeurs du parc. La nuit était arrivée. Je me levai alors et rentrai tout pensif chez moi. Est-il possible me dis-je, qu'il existe encore des gens qui tiennent sérieusement le langage que je viens d'entendre de la bouche du marquis Je n'en pouvais douter après ce qui venait d'arriver. J'étais épouvanté de la profondeur d'égoïsme que révèlaient de pareils calculs. Cette révélation me surprit d'autant plus que depuis longtemps je connais le marquis et que jusqu'alors je n'avais qu'à me féliciter de ses vertus privées.

C'est un homme très-bienfaisant. Il ne rencontre jamais un pauvre sans lui donner un sou. Tous les vendredis, il tient une livre de pain à la disposition de chaque mendiant qui se présente à sa porte. Sa femme la marquise n'est pas mauvaise langue, quoique dévote. Elle envoie ou porte elle-même des médicaments aux malades, des langes aux nouveaux-nés, du vin aux vieillards. Ils valént cent fois mieux à coûp sûr, que ce parvenu sans instruction qui s'est enrichi dans la bâtisse ou dans le commerce des vins, qui tranche du grand seigneur, et qui n'a pas l'air de voir ceux du sein desquels un hasard heureux l'a fait sortir.

Donc le marquis et la marquise n'ont pas le cœur mauvais. Comment se fait-il dès lors qu'ils pratiquent des idées aussi étranges que celles que j'ai entendues? Ils ne voudraient pas faire du mal à une mouche, et maintiendraient de gaîté de cœur toute une classe de la société dans cet état d'abjection qu'engendrent l'ignorance et la misère. La justice sociale qui est la joie des consciences droites, leur est totalement inconnue. Ils disent continuellement d'après M. le curé, que tous les hommes sont frères, et dans la pratique, ils sont les plus grands ennemis de l'égalité.

Il y a là une anomalie que, je l'espère, mon cher Jacques vous voudrez bien m'expliquer.

Votre bien dévoué, Louis.

RÉPONSE

DE JACQUES A LOUIS

Paris, le 26 juin 1872.

Mon cher Louis,

Il y a longtemps que j'ai fait les observations qui viennent de vous frapper et que vous me soumettez aujourd'hui. Il existe des hommes qui se croient honnêtes, qui ne voudraient faire tort à personne d'un centime et qui cependant acceptent de gaîté de cœur des priviléges au préjudice de la grande masse des travailleurs.

Comment cela peut-il se faire ?

Il y a là le produit naturel d'un préjugé de naissance et d'éducation. Ceux qui naissent dans les châteaux s'imaginent qu'ils ne sont pas de la même pâte que nous, et que le même sang ne coule pas dans leurs veines. Ils sont entretenus dans cette erreur par la tendresse de leur mère et par la courtisannerie de leur entourage. L'éducation cléricale qui leur est donnée ne fait que développer ce mensonge. Ils se croient sérieusement appelés à d'autres destinées que les nôtres. Ils ne se gênent pas pour s'appeler classes dirigeantes. S'ils invoquaient leur seul mérite pour exercer les fonctions qu'ils revendiquent si haut, il n'y aurait rien à dire ; mais ils n'apportent d'autres titres que leur naissance ou leur fortune. C'est véritablement insuffisant. Depuis quelques siècles les gens éclairés, choqués de ce préjudice et blessés par cette injustice ont réclamé au nom du droit et de la vérité. En 1789, ayant mis leur nombre au service du droit, ils ont fait disparaître bien des priviléges. Les vaincus de la Révolution française ont cherché depuis par tous les moyens possibles à reconquérir leur situation d'autrefois. On pourrait en citer de nombreux exemples.

Sous Charles X la noblesse, sans la Révolution de 1830, allait, d'accord avec le clergé, nous replonger dans l'ancien régime. Sous Louis-Philippe les parvenus, les grands propriétaires, les grands industriels et les grands commerçants ne voulaient pas admettre les capacités au partage du pouvoir. La Révolution de 1848 a fait justice de cette iniquité et de cette impertinence en établissant le suffrage universel. Sous l'Empire, basé sur la violence et le crime, les honnêtes gens se tinrent à l'écart, quelque fut d'ailleurs leur parti. Les intrigants, les gens sans aveu, les fruits secs de toutes les carrières s'abattirent seuls sur la France et la mirent en coupe réglée. Aujourd'hui, après des désastres sans nom, la France s'est enfin ressaisie et paraît disposée à rester sa maîtresse.

Cependant ceux qui ont tenu autrefois le pouvoir voudraient bien le reprendre de nouveau. Chacun a sa devise. *Aux plus nobles !* murmurent les légitimistes ; *aux plus riches ;* disent les orléanistes ; *Aux moins scru-*

puleux ! s'écrient les impérialistes. Ce sont trois coteries qui se disputent le pouvoir comme une proie. Seule la République s'adresse à tous sans distinction, nobles ou vilains, riches ou pauvres, pourvu qu'ils soient honnêtes. Sa devise est : *Aux plus dignes !* J'admire la modestie de ceux qui combattent la République. Ils ont l'air de reconnaître que la capacité leur fait défaut. Dans l'aveuglement de leurs passions ils ne s'aperçoivent pas qu'ils se condamnent eux-mêmes: C'est parce qu'ils désespèrent de devenir les plus capables qu'ils veulent que la France soit gouvernée par les plus nobles, par les plus riches ou par les moins scrupuleux.

Nous qui sommes les plus nombreux et qui plaçons la supériorité dans le travail, dans l'instruction et dans la moralité, persistons, dans l'intérêt de la justice comme dans l'intérêt général à maintenir la République qui ne s'adresse qu'aux plus dignes. Ayant pour nous le droit, le nombre et la force, restons unis, consolidons la République, et nous aurons ainsi fermé l'ère des révolutions, en ayant amené le règne de la Justice.

Seuls, les coquins et les sots pourront s'en plaindre.

Votre bien dévoué,

JACQUES.

VIIIe LETTRE

DE LOUIS A JACQUES

Blicourt (Oise), le 18 juillet 1872.

Mon cher Jacques,

Je ne vous ai pas écrit la semaine dernière, parce que depuis quinze jours j'ai été
complètement occupé à faucher, faner et
rentrer nos foins. Il n'y a pas eu une petite
besogne cette année, soit dans les prairies
naturelles, soit dans les prairies artificielles.
Je n'ai jamais vu dans ma carrière de cul-
tivateur une récolte aussi excellente, tant
sous le rapport de la qualité que sous le
rapport de la quantité. J'ai fréquemment
passé le midi dans les champs, afin de ne
pas perdre de temps en rentrant à la maison
et afin d'avoir terminé mes meules avant
l'orage. A l'heure du dîner, pendant le plus
fort de la chaleur, tout en mangeant un mor-
ceau et en buvant un coup de cidre à l'ombre
d'une haie ou d'un bosquet, je ne manquais
pas d'amener la conversation sur le terrain
de la politique, en devisant avec les camarades.

Pierre Lengourdi qui n'était bonapartiste
que parce qu'il a gagné de l'argent sous
l'empire est tout étonné de voir sous la Ré-

publique une si belle apparence de récoltes en seigles, en blés, en avoines, en orges, en vesces, en bisailles et en pommes de terre. A sa grande surprise il se sent devenir républicain, malgré les menées et les intrigues des royalistes, dans lesquels il n'a plus confiance depuis le plébiscite. Il a parfaitement remarqué que les républicains, après s'être énergiquement opposés à la guerre, ont été à peu près les seuls à résister avec courage aux prussiens. Il sait maintenant de quel côté se trouvent le patriotisme et le désintéressement. Il a été frappé de voir que M. Dobigny, le propriétaire de la riche ferme de Coullemogne, a préféré se laisser emmener prisonnier plutôt que de subir les réquisitions de l'ennemi, pendant que tel maire bonapartiste recevait les prussiens à bras ouverts, et s'enrichissait de nos désastres.

La plupart des cultivateurs discutent maintenant avec intelligence des choses de la politique. Ils ont perdu leur confiance aveugle dans les meneurs royalistes qui se moquaient d'eux après les avoir trompés. Ils s'instruisent eux-mêmes par la lecture des journaux et des brochures politiques. Ils savent distinguer un journal patriote d'avec le journal de l'évêché et un journal convaincu d'avec le journal de la Préfecture. Ils n'acceptent leur journal que pour les nouvelles, et se font eux-mêmes leur opinion. Vous voyez, mon cher Jacques, qu'un grand progrès s'est opéré dans les esprits.

La ville de Beauvais elle-même qui était une des localités les plus arriérées du département a considérablement marché. La majorité de ses habitants s'était laissé gagner par la lèpre cléricale à un tel point, que Noyon et Senlis étaient dépassées. Le clergé, loin de se renfermer dans les affaires du culte, parlait et agissait en maître. Les frères étaient devenus plus influents que le conseil municipal. La protection du préfet était dédaignée ; celle de l'évêque était recherchée. Les fonctionnaires civils étaient devenus les très-humbles serviteurs de la moindre robe noire. La religion était reléguée au second plan ; elle n'était plus un but ; elle était devenue une enseigne. Le meilleur moyen d'arriver et d'obtenir de l'avancement était de faire admettre sa femme parmi les quêteuses, de se montrer à la messe de midi et de suivre gravement les processions. Cela fait, on pouvait être impunément un libertin et un débauché, un parjure et un faussaire, un coquin et un escroc, on n'en passait pas moins pour un honnête homme.

Il n'en est plus de même aujourd'hui. Les beauvaisiens jugent les hommes par les actes et non par les paroles. Ils se défient avec raison de ceux qui prennent trop de soins pour sauver les apparences. Ils préfèrent Alceste à Tartufe. Ils ne veulent plus se prononcer sur la seule étiquette du sac. Ils savent trop bien que le pavillon religieux ne couvre plus la marchandise. Ils se sont aperçus dans ces derniers temps que la véritable piété recherche l'ombre et le silence, et que les Pharisiens seuls recherchent avec affectation la lumière et le bruit, afin de mieux emplir leur caisse.

Ces nouvelles dispositions de la cité de Jeanne-Hachette se sont franchement et loyalement manifestées dans la journée d'hier. Au mépris de la liberté de conscience et en violation des lois existantes une procession traversait la place de l'Hôtel-de-Ville, lorsqu'elle fut accueillie par les cris patriotiques de : *Vive la République !* La prétendue fête religieuse n'était, dit-on, qu'une manifestation légitimiste déguisée. Aussi la protestation fut elle unanime de la part des citoyens indépendants qui se trouvaient là : propriétaires, rentiers, industriels, commerçants et officiers de l'armée. A plusieurs reprises le cri de : *Vive la République* s'élevant de la place Jeanne-Hachette est venu manifester aux oreilles des revenants de l'ancien régime la profonde indignation des consciences patriotes. Je vous laisse à penser si la procession s'est amusée à demander son chemin. Son retour n'a pas été précisément un triomphe. Elle s'est évanouie comme le diable dans une féérie du Châtelet. Hier soir, un œil de lynx n'aurait pu découvrir dans la ville entière un seul des manifestants du jour. On prétend que les uns ont été dévorés par la honte et les autres tués par le ridicule.

Salut fraternel,

Louis.

RÉPONSE

DE JACQUES A LOUIS

Paris, le 16 juillet 1872.

Mon cher Louis,

Les nouvelles que vous me transmettez me font plaisir. Elles concordent avec toutes celles que je reçois des autres départements. Il y a maintenant des journaux républicains partout. Les brochures qui font connaître et aimer la République se vendent par centaines de milles. Avec la lumière, le mouvement et la vie renaissent dans notre pays.

Ce que vous me dites de l'état des esprits à Beauvais m'a particulièrement touché. Vous savez que j'ai passé la plus grande partie de ma jeunesse dans cette ville, et que j'y ai laissé un certain nombre d'amis que j'ai toujours beaucoup de plaisir à revoir. Je m'intéresse donc vivement aux faits qui peuvent se passer sur ce théâtre de ma jeunesse.

Je ne dois pas vous dissimuler qu'une première lecture de votre lettre m'avait laissé profondément incrédule. Je n'étais pas préparé à recevoir une telle nouvelle. Je croyais être la victime d'une mystification. Néanmoins, après quelques instants de réflexion, je n'hésitai plus à prendre votre lettre au sérieux. Non-seulement il me sembla que vous n'étiez pas capable d'induire qui que ce soit en erreur, mais je trouvai votre récit très-vraisemblable.

Sans doute, les Beauvaisiens avaient subi pendant longtemps bien des empiètements de la part des intrigants cléricaux. Un observateur superficiel pouvait croire qu'ils étaient dupes de leur simplicité et victimes de leur aveuglement. Il n'en était rien. Ils voyaient parfaitement le travail souterrain du termite clérical, mais ne s'en effrayaient pas outre mesure, pensant qu'à un moment donné il suffirait d'une bordée de sifflets pour faire rentrer tous ces oiseaux de nuit dans leurs trous. Ils préféraient leur tranquilité à une lutte contre des ennemis d'autant plus dangereuse qu'ils sont partout et nulle part. Ils attendaient pour sortir de leur indolence et de leur quiétude que la coupe fût pleine et débordât. Il était à présumer qu'à un moment donné il suffirait d'une goutte pour que ce résultat fut atteint. Cette goutte s'est rencontrée dimanche dernier dans la manifestation entreprise par les frères.

Si les frères s'étaient bornés à pratiquer chez eux leurs exercices cultuels, quelle que fut l'opportunité ou la sincérité de leur manifestation, personne n'avait rien à en dire; chacun est libre de prier et d'adorer Dieu à sa façon. Il y a plus, ils étaient dans leur droit, en ne sortant pas de leurs murs, de rendre hommage à Henri V sous prétexte d'honorer Saint-Joseph. Mais du moment où ils traversaient processionnellement la ville, du moment où par étalage de publicité, ils cherchaient à associer habilement une cité toute entière à une manifestation politique séditieuse, les citoyens dont le silence dédaigneux aurait pu être considéré comme une adhésion tacite, avaient le devoir et le droit de protester hautement contre l'abus qui était fait des rues et des places publiques. La protestation civique et patriotique qui s'est faite aux cris de *Vive la République* est donc toute naturelle et parfaitement légitime.

Une manifestation d'un autre genre s'est faite à la Ferté-sous-Jouarre dans le département de Seine-et-Marne. Près de deux mille citoyens s'étaient réunis pour célébrer par un banquet le 14 juillet, date de la prise de la Bastille. M. Gambetta a prononcé un magnifique discours qui a été unanimement applaudi. Il a montré que la propriété individuelle est un produit de la République et que les intérêts des paysans ne sont pas autres, quoiqu'en dise la réaction, que ceux des habitants des villes. Le département de Seine-et-Marne est désormais acquis à la République.

J'espère que le département de l'Oise ne voudra pas demeurer en arrière de ses voisins, Somme, Aisne, Seine-et-Marne, Seine-et-Oise, Eure, Seine-Inférieure. Il a des journaux, des comités, des conférences. Il ne lui manque plus que des banquets républicains. La politique de l'éminent homme d'Etat qui préside la République française est si libérale et si patriotique que les bons citoyens peuvent se réunir dans l'intérêt de l'union et de la concorde pendant que la réaction s'agite pour diviser et régner.

Il faut que nous ayons autant d'énergie pour défendre l'ordre et la justice que la réaction en déploie pour rétablir la violence et le privilège.

Salut cordial,   JACQUES.

A MONSIEUR JACQUES

Mouy (Oise), le 20 juillet 1872.

Monsieur,

La bienveillance que vous avez mise à répondre aux questions de M. Louis m'encourage à suivre son exemple. Bien que je ne sois pas de Blicourt, j'espère que vous ne m'en préterez pas moins une oreille attentive. Je sais que vous êtes à la disposition de tous les hommes de bonne volonté qui désirent s'instruire et instruire les autres.

Voici ce dont il s'agit :

Nous avons remarqué le soin que met la *Gazette des Paysans* à faire connaître et à faire aimer la République. Nous avons été frappés du zèle qu'elle déploye au service de la justice, de la liberté et de l'ordre. Non-seulement elle défend le gouvernement actuel contre les attaques incessantes des intrigants royalistes, mais encore elle nous révèle les desseins pervers des factions cléricales et monarchiques. Grâce à elle nous savons que le clergé et la noblesse, ne pouvant accepter les conséquences de leur défaite de 1789, espèrent reprendre par la ruse les privilèges qu'ils avaient autrefois conquis par la force. Son patriotisme lui a fait jeter parmi nous un cri d'alarme, qui a été entendu, et qui nous fera éviter le piège où nous sommes tombés lors des dernières élections.

Nous étions donc heureux de pouvoir acheter chaque dimanche le nouveau numéro de la *Gazette des Paysans*, que nous nous empressions de lire et de faire lire aux hommes de bonne foi de notre entourage. C'était pour nous un enseignement et une distraction, qui sans diminuer beaucoup notre salaire, nous faisaient passer utilement et agréablement quelques heures avec nos camarades. En cherchant ainsi à nous initier aux éléments de la politique nous accomplissions un devoir, puisque nous nous préparions à exercer dignement et avec connaissance de cause notre souveraineté, que la République de 1848 nous a restituée en proclamant le suffrage universel.

Mais ne voilà-t-il pas que tout à coup la *Gazette des Paysans* cesse d'être vendue sur la voie publique. Je vous laisse à penser si nous avons été contrariés de ce contre-temps. Nous nous étions fait une douce habitude de l'apparition dominicale de la *Gazette*. Nous nous livrâmes à toutes les suppositions possibles. Un d'entre nous, qui se croyait encore sous l'empire, dit que la vente de la *Gazette des Paysans* sur la voie publique avait été interdite par décision préfectorale. Nous rîmes beaucoup de la naïveté et de la simplicité de notre ami. Croire que sous la République un pareil pouvoir existât encore aux mains d'un préfet, et qu'il se trouvât un préfet pour en user, surtout contre un journal républicain, c'était dépasser la limite permise des suppositions possibles. Nous passâmes à d'autres hypothèses. Un autre de nos camarades pensa que peut-être

la *Gazette* avait cessé de paraître parce que
le factieux de Chantilly avait acheté son silence. Nous écartâmes bien vite cette suppo-
sition ; non parce que le prétendant cher au
petit Desjardins nous parut incapable de
mettre à prix la parole ou le silence d'un
journal — les ambitieux vulgaires sont capables de tout, — mais parce que les propriétaires de la *Gazette des Paysans*, républicains dévoués et convaincus, ne pouvaient
faire qu'œuvre de propagande démocratique
et non de spéculation.

Au lieu de perdre notre temps et de fati-
guer notre intelligence à la recherche et à
la discussion d'hypothèses stériles, nous ré-
solûmes — ce qui était plus simple et plus
pratique — d'aller aux renseignements. Nous
apprîmes d'abord que la *Gazette* n'avait pas
cessé de paraître puisque le numéro qui ne
nous avait pas été offert comme d'habitude
sur la voie publique avait été mis en vente
chez madame veuve Lafont, libraire. Cette
nouvelle nous réjouit. Nous apprîmes ensuite
qu'un gendarme s'était présenté chez madame
veuve Lafont et avait voulu intimider la
marchande en s'emparant des numéros de
la *Gazette* qui étaient en sa possession. Le
gendarme n'était porteur d'aucun mandat.
Nous refusâmes et nous refusons encore de
croire à un pareil abus de pouvoir, à un pareil mépris de la liberté et à une pareille
violation de la propriété. Les gendarmes ont
été institués et sont payés pour maintenir l'ordre et non pour le troubler, pour défendre la
propriété et non pour la confisquer. Je ne
vous répéterai pas tout ce qui se dit dans

Mouy à ce sujet : le scandale a été à son comble. Mais ce qu'il y a de certain, et qui est indéniable, c'est que le préfet de l'Oise sans prendre d'arrêté pour interdire la vente de la *Gazette des Paysans* sur la voie publique a donné des instructions secrètes à ses gendarmes et à ses commissaires de police pour persécuter ce journal et pour empêcher sa propagation.

J'avoue, M. Jacques, que je ne comprends pas une pareille conduite de la part d'un fonctionnaire de la République. Il n'est ni franc ni digne d'avoir recours à des agents policiers pour opprimer souterrainement la pensée. Il n'est pas loyal de persécuter d'une manière détournée les défenseurs d'un gouvernement qu'on a sollicité l'honneur de servir. Il y a là quelque chose de tellement illogique et de tellement contradictoire que le bon sens en est bouleversé et la raison confondue. Je compte sur vous pour me faire comprendre cette énigme et pour m'expliquer ce mystère.

- Ces tracasseries d'ailleurs n'ont pas beaucoup nui à la *Gazette*. Je crois même qu'elles lui ont été fort utiles. La plupart des acheteurs au numéro se sont transformés en abonnés. Beaucoup d'indifférents ont tenu à lire un journal contre lequel on employe de semblables moyens, qui répugnent à ceux-là même qui sont chargés de les appliquer.

Je vous demande pardon, M. Jacques, de tout ce bavardage, et vous prie d'agréer l'assurance de mes meilleurs sentiments.

(Un lecteur de la Gazette)

Voici la réponse qui a été faite à la lettre précédente :

Paris, le 3 juillet 1872.

Monsieur,

Ce c'est pas la première fois que certains gendarmes, oublieux de leur devoir, se permettent l'intimidation vis-à-vis des vendeurs de la *Gazette:* Déjà de pareils excès de zèle se sont produits à Ribécourt, à Liancourt et à Lacroix-Saint-Ouen. Je dois dire que les propriétaires du journal, en invoquant le respect de la loi et de la liberté, ont bien vite obtenu justice de ces écarts.

Néanmoins, comme le même fait pouvait se reproduire ailleurs et intimider sérieusement les esprits faibles, j'ai ouvert une enquête sur ces tracasseries, afin de pouvoir remonter à leur source. Je n'ai pas recueilli de renseignements bien positifs. Les gendarmes qui ont inquiété les vendeurs de la *Gazette* se sont tous défendus d'avoir reçu des ordres de la préfecture. Mais, sur la menace qui leur était faite de les poursuivre personnellement devant les tribunaux pour abus de pouvoir, ils finirent par avouer que s'ils n'avaient pas reçu d'ordres pour saisir la *Gazette*, on leur avait au moins communiqué des instructions ayant pour but d'entraver autant que possible sa propagation. Cette réponse ayant été faite à diverses reprises par des gendarmes différents, il y a, lieu de croire qu'elle renferme la vérité.

Un pareil procédé est à coup sûr blamable de la part des fonctionnaires qui n'hésitent pas à l'employer. Représentants de la loi, chargés de respecter et de faire respecter la

liberté de chacun et de tous, ils ne peuvent
en tant que fonctionnaires, être favorables ou
défavorables à tel ou tel journal.Si le journal
ne respecte pas la loi ils ont le devoir de le
traduire devant les tribunaux ; mais si, au
contraire, il ne commet aucune infraction
ils n'ont pas le droit de chercher à entraver
son action, Leur autorité n'a raison d'être et
n'est légitime que pour protéger et réprimer
et non pour taquiner et entraver.

Tous les esprits vraiment libéraux sont
d'accord sur ces principes.Malheureusement,
il est des situations tellement fausses qu'elles
sont plus fortes que les principes. Telle est
la situation d'une République sans républicains. Supposez un préfet orléaniste et un
journal républicain. Si ce préfet est fonctionnaire avant d'être homme de parti, s'il
est l'esclave de son devoir plus que de ses
opinions, s'il est un tant soit peu libéral, le
journal n'a rien à redouter, tant que ses ré-
dacteurs se montreront scrupuleux observa-
teurs de la loi. Mais si ce préfet est avant
tout un sectaire, s'il fait passer son intérêt
avant le droit d'autrui, si en un mot, il met
son autorité au service de ses passions, le journal, malgré son respect absolu des lois, sera
exposé à mille taquineries, à mille tracasseries.

C'est ainsi que je m'explique les aventures
de la *Gazette*. Elle est victime des imperfections de la nature humaine. Mais comme elle
a conscience de son droit et qu'elle est dé-
cidée à le faire triompher,elle ne se découra-
gera pas et continuera son chemin avec
autant de fermeté que de modération. Elle
n'a d'autre but que de faire connaître, de

faire aimer et de consolider la République. Peut-être qu'un jour, le gouvernement républicain de M. Thiers, ayant achevé l'œuvre patriotique de la libération du territoire, commencera l'œuvre non moins patriotique de la libération du droit. Lorsque sonnera cette heure depuis trop longtemps attendue, on ne verra plus des fonctionnaires se servir des pouvoirs qu'ils tiennent du gouvernement pour encourager les factieux et pour persécuter les défenseurs de ce gouvernement.

Nous avons attendu jusqu'ici, attendons encore, nous rappelant sans cesse que l'avenir appartient aux plus sages et aux plus justes.

C'est à nous à paralyser le mauvais vouloir de certains fonctionnaires par notre fermeté et notre union. Il suffit que les ennemis de la République proclament par leur persécution la valeur de la *Gazette des Paysans*, pour que les républicains ne se lassent pas de la rédiger et de la répandre. Leur entêtement doit nous donner la mesure de notre courage et de notre devoir. Que ceux dès lecteurs de la *Gazette* qui ne peuvent plus l'acheter au numéro prennent un abonnement ; si le prix de l'abonnement leur paraît trop onéreux à payer en une fois, qu'ils se réunissent, se groupent et s'abonnent à plusieurs. Les démocrates qui ne sont pas capables d'un pareil effort ne sont pas dignes de voir arriver le règne de la liberté et de la justice.

Agréez, monsieur et cher correspondant, l'assurance de mon profond dévouement à la cause républicaine.   JACQUES.

Pour copie conforme,
ANDRÉ ROUSSELLE.

COMPIÈGNE. — IMP. ET LITH. DE V. EDLER.

www.ingramcontent.com/pod-product-compliance
Lightning Source LLC
Chambersburg PA
CBHW051236030726
47595CB00003B/943